ÉLECTIONS

SUIVANT LA CHARTE.

ÉLECTIONS

SUIVANT

LA CHARTE.

PARIS.

IMPRIMERIE DE VICTOR CABUCHET,

RUE DU BOULOI, N° 4.

M DCCC XXVI.

ÉLECTIONS

SUIVANT

LA CHARTE.

Observations.

Dans les sociétés bien constituées, trois intérêts, qui embrassent ceux de tous leurs membres, doivent toujours trouver des défenseurs pour le bonheur des peuples. Ces intérêts sont :

1° Celui du gouvernement ;

2° Celui de l'aristocratie ;

3° Celui de la démocratie.

Si dans la confection des lois, le gouvernement n'avait point de défenseurs de ses droits, l'unité d'action, qui fait la force des états, disparaîtrait aussitôt : une multitude de volontés divergentes remplacerait cette unité d'action , et , en divisant cette force, l'affaiblirait nécessairement. Ces volontés en sens divers l'anéantiraient si elles étaient opposées, ou produiraient la guerre civile.

Si l'aristocratie n'y était pas représentée, le despotisme s'ensuivrait, au cas où le gouvernement viendrait à l'emporter sur la démocratie : ce serait l'anarchie, dans le cas où cette dernière deviendrait prépondérante.

Si la démocratie n'y avait pas de défenseurs, ceux qui la composent et qui, par leur travail, font prospérer les états, auxquels ils procurent tous les besoins et commodités , seraient opprimés par le despotisme, dans l'hypothèse où le gouvernement prévaudrait sur l'aristocratie; et dans l'hypothèse contraire, par les grands, dont la verge de fer s'appesantissant sur un plus grand nombre, comme au temps des fiefs, en ferait bientôt des esclaves. Si le gouvernement et l'aristocratie se liguaient contre la démocratie, les intérêts de cette classe de la société seraient envahis, et le fruit de ses sueurs serait dévoré par les deux premières, qui finiraient par ne lui laisser que le plus strict nécessaire, avec le moins possible de libertés.

Dans tous les cas, la classe qui dominerait marquerait de son sceau toutes les lois, parce que tous les pouvoirs tendent naturellement à s'accroître.

Tout gouvernement où ces trois intérêts ne sont pas protégés également, porte avec lui le germe de sa destruction; et jamais il n'est arrivé qu'aucun ait péri par une secousse provenant de l'intérieur de l'état, tant qu'ils ont été ainsi respectés.

Le bonheur des peuples résulte en conséquence du contre-poids entre les intérêts
du gouvernement, de l'aristocratie et de
la démocratie; et pour le fixer dans la
société, il est donc indispensable que chacun d'eux trouve des défenseurs, ainsi que
je l'ai d'abord annoncé. Quand tous les
intérêts sont en présence, ils sont tous con-
tenus dans leurs justes bornes. C'est ainsi
que se soutient le monde physique : l'é-
quilibre seul assure son existence.

C'est ce qu'a voulu la Charte qu'a léguée
à la France son ex-monarque Louis XVIII,
dont elle est le plus beau titre à l'immorta-
lité. Mais est-ce bien là ce qui s'y pratique?
Je ne crains pas de répondre *Non.*

Je prie mon lecteur de peser mes observations, avant de repousser mon assertion.
Ces observations me sont suggérées par le
désir de voir tous les Français aimer et ché-
rir leur souverain, et s'y attacher par les

liens indissolubles de la reconnaissance,
ainsi que par le désir de les voir unis et
heureux. Je voudrais, en un mot, conso-
lider davantage la royauté et le bonheur
en France.

En répondant *non*, je parle sous le rapport des intérêts démocratiques, car, en
France, les intérêts du gouvernement et
de l'aristocratie ne manquent pas de défenseurs.

Le gouvernement fait toutes les propo-
sitions de lois; il les fait soutenir par des
hommes habiles, ministres ou conseillers
d'état. Il peut même retirer ses proposi-
tions de lois. Il peut, à son gré, dissoudre
la Chambre des Députés. Il a entre mains
tous les moyens de se faire des partisans
parmi ceux appelés à concourir avec lui à
la formation des lois.

L'aristocratie est représentée par la
Chambre des Pairs; sa force est accrue de

celle que lui donne la fortune que possè-
dent, et que doivent posséder pour être
éligibles, les membres de la Chambre des
Députés.

Je cherche les défenseurs chargés des intérêts de la démocratie, et je ne les trouve
nulle part : elle est sans représentation qui
tire son origine d'elle, puisqu'elle n'inter-
vient point dans la nomination des Députés.

La Charte, me dira-t-on, ne permet pas
qu'elle soit représentée par d'autres que par
des éligibles. J'en conviens parfaitement :
la Charte est extrêmement sage en cela.
Pour prévenir l'anarchie, elle a voulu qu'on
ne pût confier qu'à l'aristocratie la défense
des intérêts de la démocratie ; elle a voulu
conséquemment que la Chambre élective
prît sa naissance dans la démocratie, puisque c'est le seul moyen naturel qu'il y ait
de la représenter ; et c'est uniquement
pour qu'elle le fût qu'elle a institué cette

Chambre. En effet, si la Chambre élective
n'avait pas cet objet, elle n'en aurait aucun ; car , en l'état , elle n'est que la dou-
blure de la Chambre des Pairs, en ce
qu'elle ne représente comme elle que l'a-
ristocratie, surtout eu égard au double
vote. Telle est la proposition, justifiée déjà
par ce simple raisonnement, que j'ai à
démontrer.

Le préambule de la Charte, qui en ex-
plique l'esprit, renferme le passage suivant :
« Nous avons remplacé par *la Chambre
des Députés* ces anciennes assemblées du
Champ de Mars et de Mai, et *ces Cham-
bres du tiers-état,* qui ont si souvent donné
tout à la fois des preuves de zèle pour les
intérêts du *peuple ,* de fidélité et de respect
pour l'autorité des rois. »

C'est donc le *peuple* ou le *tiers-état,* que
doit représenter la Chambre des Députés ;
et celle actuelle , telle que les lois sur les

élections la font, et dont la source est pu-
rement aristocratique, ne le représente pas.

L'article 40 de la Charte dispose : « *Les
électeurs* qui concourront à la nomination
des Députés, *ne pourront avoir droit de
suffrage s'ils ne paient* une contribution
de 300 fr., et s'ils ont moins de trente ans.»

La Charte suppose donc ici des électeurs
qui ne peuvent avoir droit de suffrage parce
qu'ils *ne paient pas* 300 francs de contributions directes. Or les électeurs de cette
espèce ne peuvent exister et se rencontrer
que dans le cas où ils sont nommés par des
assemblées primaires : donc aussi la Charte
suppose l'existence de ces assemblées.

Si le législateur qui s'est expliqué de
la sorte, n'avait voulu qu'un degré d'é-
lection, composé (comme le suppose la loi
d'exécution) de tous ceux payant 300 fr.
de contributions directes, il aurait rendu
son idée d'une manière toute simple, au

lieu de s'exprimer comme il l'a fait; et il aurait dit, par exemple : *Tous ceux payant* 3oo *francs de contributions diręctes, au-ront droit de suffrage, etc. ;* mais comme ce n'était point là son intention, il a em-ployé les expressions qui convenaient dans la prévision des assemblées primaires.

Le législateur qui venait de dire : *Tous les Français sont égaux devant la loi,* quels que soient d'ailleurs leurs titres et leurs rangs, ne pouvait avoir la volonté d'accor-der le privilége de l'exercice des droits civi-ques à soixante à quatre-vingt mille person-nes, à l'exclusion du restant de la nation, qui paie au moins les quatre-vingt-dix-huit centièmes des contributions de la France.

Il est donc démontré que l'auguste fon-dateur de la Charte a entendu qu'il y au-rait des assemblées primaires pour la no-mination des électeurs; attendu que, sans ces assemblées primaires, le tiers-état où

la démocratie ne saurait être représenté.
Ce n'est qu'autant que la Chambre des Députés prendra son origine dans la démocratie, que cette représentation peut réel-
lement exister.

Cette disposition de la Charte est fon-
dée en principe.

L'article 1984 du Code civil dispose :
« Le mandat est un acte par lequel une
personne donne à une autre le pouvoir de
faire quelque chose pour le mandant et en
son nom. » Il est évident que ceux qui ne
sont nommés que par soixante à quatre-
vingt mille personnes, ne représentent
qu'elles, et n'ont pas le pouvoir d'agir
pour le restant de la nation et en son
nom. Je suis loin néanmoins de vouloir
prétendre que les lois auxquelles ils con-
courent, ne sont pas obligatoires; je sou-
tiens, au contraire, qu'elles le sont pour
tous, parce que l'ordre et la tranquillité

publique, qu'il n'est jamais permis de troubler, le veulent ainsi. Je veux seulement prouver que leur pouvoir n'est pas légitime par rapport à ce restant de la nation.

Les articles 9, 42, 109 et 405 du Code pénal, autorisent les tribunaux, dans les cas qui y sont déterminés, à interdire l'exercice des droits civiques. Ces articles supposent donc que ces droits appartiennent à tous les citoyens ; et cependant, à l'exception de ces soixante à quatre-vingt mille individus, nul n'en jouit.

Des personnes prévenues, et d'autres dont l'intérêt fascine les yeux, se soulèveront contre l'idée des assemblées primaires, et étaieront leur répugnance du prétexte spécieux que la tranquillité publique pourrait être compromise par ces assemblées primaires.

Je répondrai :

D'abord, que le législateur étant appelé

à statuer sur ce qui est relatif tant aux personnes qu'aux propriétés, les propriétaires
seuls qui ont ce *double intérêt* et sont
seuls censés être à demeure en France,
doivent composer ces assemblées; ce qui
d'ailleurs est conséquent avec les disposi-
tions de la Charte qui exigent, des éligibles
et des électeurs, des conditions de biens-
fonds en propriété. L'on bornerait ainsi
le nombre de leurs membres.

En second lieu, que ces propriétaires
tenant au sol, tiennent par cela même au
maintien de la tranquillité publique.

En troisième lieu, que la loi organique
des assemblées primaires contribuerait à
assurer cette tranquillité par les disposi-
tions de prudence qu'on peut y insérer.

Ainsi la crainte que l'on pourrait avoir
que le repos de l'état en fût troublé, est
dénuée de fondement.

Pour prévenir toute influence étrangère

ou intérieure sur les assemblées primaires,
il serait bon que le bureau provisoire se
composât du plus âgé et du plus jeune,
comme président et secrétaire, et de trois
scrutateurs qui seraient choisis par le sort.
La Charte ne s'y oppose pas, puisque l'article 41, qui donne au Roi le droit de nommer les présidens des colléges électoraux,
ne s'appliquant qu'aux colléges institués
par l'article 35 pour l'élection des Députés,
ne concerne pas les assemblées primaires,
qui n'auraient à élire que des électeurs.
Le bureau définitif serait nommé au
scrutin secret, ainsi que les électeurs.

Les mêmes personnes objecteront peut-être encore que les électeurs ainsi élus
pourraient nommer des députés capables
de chercher à renverser le gouvernement.

Cette objection prouve un défaut de
connaissance du cœur humain, si elle est
faite avec sincérité.

Il est constant que le principal mobile des actions humaines, est l'intérêt. Or, soit les électeurs qui ne peuvent être choisis que parmi ceux qui paient au moins 300 fr. de contributions directes, soit les Députés qui ne peuvent être pris que parmi ceux qui en paient au moins 1000, ont le plus grand intérêt au maintien de la tranquillité publique; car ils auraient tout à craindre dans un bouleversement. Pour que la chose fût praticable, il faudrait supposer que la majorité des électeurs, objets du choix de tous les propriétaires qui offrent cependant des garanties réelles et morales, et que la majorité des Députés, objets du choix des électeurs, qui en présentent encore davantage, voulussent le désordre, au risque de tout perdre. Cette supposition est évidemment gratuite. Ces Députés, dans cette position, et redevables en partie de leur nomination au nouveau mode d'élection, n'en seraient au contraire que plus attachés au maintien du gouvernement.

C'est ici le lieu d'observer encore combien l'immortel auteur de la Charte a montré de prévoyance. On avait nommé dans la Révolution, des députés qui, n'ayant pour la plupart rien à perdre dans un désordre, n'avaient pas craint de livrer la France à l'anarchie. Il a voulu prévenir à jamais le retour de ce fléau; et après avoir disposé que les électeurs paieraient au moins 300 francs de contributions directes, il a exigé pour les Députés la condition d'en payer au moins 1000. Il a affermi le gouvernement par cette double précaution dont je ne puis assez admirer la sagesse.

Bien des personnes, assurées par le mode actuel des élections de l'exercice des fonctions d'électeur, et appréhendant, si le double degré d'élection avait lieu, de ne pas continuer de les exercer parce qu'elles pourraient bien n'être pas élues, le repousseront. Ce n'est point là un motif suffisant, sans doute, pour priver de leurs droits civiques des citoyens qui concourrent comme elles, et de leurs biens, et de leur personne, à la richesse et à la gloire de l'état. En se faisant aimer et estimer de leurs concitoyens, elles seront certaines de n'en être pas oubliées. Je ne vois d'autre inconvénient pour ceux en possession des droits d'électeurs, que l'heureuse nécessité où il se trouveront, la fortune seule ne conférant plus ces droits, de se conduire en conséquence pour obtenir leurs suffrages.

Chez d'autres personnes, l'amour-propre se trouvera blessé, en songeant que des individus beaucoup moins riches partageront avec elles l'avantage de voter dans les assemblées primaires.

J'ai déjà prouvé que les droits de ces individus sont les mêmes que les leurs. Mais qu'elles fassent cette réflexion, que si elles leur sont supérieures par la fortune, ils sont leurs égaux aux yeux de la nature, de la religion et de la loi fondamentale de l'état; et qu'il ne doit y avoir, après les exceptions que cette dernière a établies dans l'intérêt de la société, d'autres distinctions que celles résultant des talens et des vertus. Alors elles se contenteront, si elles sont justes et raisonnables, du privilége que leur donne leur fortune, d'être éligibles comme électeurs et comme Députés.

Les avantages qui résulteraient de cette intervention de l'élément démocratique sont immenses.

Les Français n'en seraient que plus fidèles observateurs des lois de leur pays, parce qu'elles leur paraîtraient à tous être

leur propre ouvrage : ils n'en seraient que
plus dévoués à leur, souverain et à leur
patrie, qui les compteraient pour quelque
chose en les faisant participer à l'exercice
des droits civiques. Il s'ensuivrait des
liens entre les grands et les petits, et les
distances qui existent entre les uns et les
autres se rapprocheraient, parce que les
premiers éprouveraient le besoin des se-
conds pour être électeurs : les lois seraient
plus en harmonie avec les intérêts géné-
raux, parce que les Députés seraient ceux
de la masse de la nation : la marche du
gouvernement en deviendrait plus majes-
tueuse et plus assurée, parce que, dégagé
de toutes les entraves d'une politique mé-
ticuleuse et artificieuse, non-seulement il
ne rencontrerait aucune opposition, mais
encore il trouverait toutes les voies appla-
nies, et serait aidé dans tous ses desseins par
les efforts de tous pour lui faire atteindre

son but. Et dans les périls, la France comp-
terait autant de défenseurs intrépides que
de citoyens, parce que nul autre gouvernement ne pourrait leur offrir un aussi
beau sort que le leur, et qu'ils sentiraient
qu'ils doivent tout sacrifier, au besoin,
pour le conserver et le transmettre à leur
postérité.

Tels sont les résultats infaillibles du
contre-poids de tous les intérêts.

La raison en est dans la nature des cho-
ses, qui fait dépendre l'affection de tous les
membre d'une société au gouvernement,
de la protection égale qu'il accorde aux
intérêts de chacun d'eux.

www.ingramcontent.com/pod-product-compliance
Lightning Source LLC
Chambersburg PA
CBHW060713280326
41933CB00012B/2425